AF330621

CAMPAGNE DE 1870-71

HISTORIQUE SOMMAIRE

DU BATAILLON

DES

FRANCS-TIREURS BOURBONNAIS

SON ORIGINE ET SES OPÉRATIONS

PAR

le Commandant Alph. TURLIN

DU MAYET-DE-MONTAGNE

Prix : 1 fr. 25.

MOULINS

IMPRIMERIE DE C. DESROSIERS.

PLACE DE LA BIBLIOTHÈQUE

1871

HISTORIQUE SOMMAIRE

DU BATAILLON

DES

FRANCS-TIREURS BOURBONNAIS

SON ORIGINE ET SES OPÉRATIONS

MOULINS

IMPRIMERIE DE C. DESROSIERS.

PLACE DE LA BIBLIOTHÈQUE

—

1871

AVANT-PROPOS

Traçant à grands traits et brièvement, l'origine ainsi que les actes du bataillon des Francs-tireurs Bourbonnais que j'ai commandé, je n'ai pas la prétention de viser au style, mais bien à une rigoureuse exactitude.

Tous les faits relatés dans ce court exposé, sont extraits de mon journal de campagne, et avec pièces officielles à l'appui.

Je n'ai fait qu'y puiser jour par jour, les faits principaux, en ayant soin d'éviter minutieusement d'y laisser se glisser mille incidents qui ont trait, soit à des actes individuels, soit à des actes collectifs ; et qui se rencontrèrent à chaque pas dans la guerre que nous venons de traverser : guerre dans laquelle les Francs-tireurs dévoués et consciencieux avaient des journées si pénibles et si périlleusement remplies.

Une grande difficulté s'est tout d'abord présentée à mon esprit : c'est de pouvoir dresser ce compte-rendu, sans abuser à chaque instant du pronom personnel.

Je n'ai pu l'éviter.

Cela tient à ce qu'ayant organisé ce corps, ayant eu un cadre d'officiers (grâce au mode électif employé) composé de bons soldats du reste, mais dont la plupart étaient d'une incapacité regrettable.

Je dus donc, dans les grandes comme dans les petites choses, et d'une façon absolue, avoir seul l'initiative des actes même les plus simples et les plus élémentaires.

Sans cesse isolé de tout corps d'armée, pour une cause ou pour une autre, privé d'ordres, d'instructions, je me trouvais dans la nécessité d'être tout à la fois chef, intendant, soldat ; en un mot de parer à toutes les éventualités et pourvoir à tous les besoins nécessités par une campagne où l'imprévu a joué un si grand rôle.

Telles sont les causes qui, dans cet exposé, me forcent à figurer aussi souvent, au grand détriment de mes habitudes.

Paris, ce 5 juillet 1871.

Alph. TURLIN,

Ex-Commandant des Francs-Tireurs
Bourbonnais.

HISTORIQUE SOMMAIRE

DU BATAILLON DES FRANCS-TIREURS

BOURBONNAIS

SON ORIGINE ET SES OPÉRATIONS PENDANT
LA CAMPAGNE 1870-71

Sous la date du 16 août 1870, mesurant toute l'étendue de nos revers qui se succédaient avec une rapidité effrayante, n'écoutant que mon devoir de Français ; j'écrivis à M. le Préfet de mon département, le priant de vouloir bien me renseigner sur les dispositions de mes concitoyens, dans le cas où je désirerais former une compagnie de Volontaires pour la durée de la guerre.

La réponse de M. le Préfet était loin d'être encourageante ; car, en date du 22 août, il me fit connaître ses impressions.

« Il y a fort peu de dispositions, me disait-il, parmi les habitants de l'Allier, et votre projet d'organiser une compagnie de volontaires a peu de chance de réussite... »

Néanmoins je partis de suite pour Moulins : des tentatives faites dans le même but, avaient en effet échoué quelques jours avant.

Loin de me laisser aller au découragement et grâce au bon vouloir de quelques personnes, nous organisâmes un comité chargé de centraliser et de surveiller les opérations de recrutement, ainsi que de recevoir les adhésions.

Parcourant ensuite les divers arrondissements, je vis mes parents ou amis, qui me promirent leur concours.

Entre temps la catastrophe de Sedan eut lieu.

Le nouveau gouvernement s'était fait représenter à Tours.

Certain d'avoir laissé derrière moi des collaborateurs actifs, je fus à Tours et me présentai au ministère de la Guerre : MM. l'amiral Fourichon et Glais-Bizoin me firent l'honneur de m'entendre.

Je leur exposai la situation, et leur soumis mon projet qu'ils acceptèrent.

En date du 24 septembre on me délivra les pièces nécessaires à la régularisation de ma position, à savoir :

1° Un brevet de chef de bataillon qui fut confirmé par M. Gambetta en date du 12 octobre.

2° Les pouvoirs nécessaires pour recruter et engager un nombre illimité de volontaires pour la durée de la guerre.

3° Une invitation à M. le Préfet de réunir de suite le Conseil général, afin de faire voter les fonds nécessaires pour l'habillement et l'équipement de mes volontaires.

4° L'ordre de me rendre à Toulouse y prendre les armes et les munitions nécessaires.

En un mot, le 6 octobre, je fis savoir à Monsieur le Ministre de la Guerre que je tenais à sa disposition quatre compagnies habillées, équipées, armées, et prêtes à entrer en campagne, grâce à l'activité des membres du comité central.

Le 12 à midi, je reçus l'ordre de partir pour Bourges, où j'arrivai à 11 heures du soir.

Sous forme de digression, je dois placer ici quelques courtes réflexions sur le rôle des Francs-Tireurs, tel que je l'avais conçu.

Troupe d'élite, prête à tous les sacrifices.

Pour arriver à ce résultat, il fallait quatre conditions principales :

1º Moralité des soldats ;

2º Solde suffisante, mettant l'homme à l'abri des premiers besoins, dans quelque condition où il puisse se trouver ;

3º Confiance aveugle en des chefs capables ;

4º Discipline inflexible.

La première condition dans mon bataillon a été remplie, car nul engagement n'a pu être signé sans un certificat de moralité délivré par le maire. Mon registre d'engagement en fait foi.

La seconde des conditions était également remplie, puisque le gouvernement m'avait accordé une solde de 1 fr. 50 par homme et par jour. Solde seulement suffisante quand on veut bien considérer que, toujours en marche, ne séjournant que rarement plus de 48 heures au même endroit, et par la nécessité des opérations se trouvant isolé et loin de tout ravitaillement, il fallait que le soldat pût partout être son propre intendant.

Je ne saurais trop insister sur le devoir qui incombait aux chefs de ces corps, de veiller attentivement à ce que les hommes ne pussent transformer en liquide, un argent strictement destiné à une nourriture solide ; c'était le seul moyen de conserver l'ordre, la moralité, et la discipline dans leurs troupes.

3e condition : Confiance aveugle en des chefs capables.

Quant à cette condition, je l'abandonne aux promoteurs du décret, qui exigeait le choix des chefs par l'élection, et j'aime à croire qu'après l'expérience que nous venons de faire de ce système, les partisans les plus entêtés du mode électif en cette matière en seront guéris à tout jamais.

4e Discipline inflexible : La voie ayant été tracée

par M, le général d'Aurelles de Paladines, je n'ai eu qu'à la suivre.

En arrivant à Bourges, et avant d'entrer en campagne, je fis imprimer des proclamations qui, affichées dans toutes les localités que nous devions traverser, apprenaient aux habitants que nous venions les protéger contre les rapines de l'ennemi, et que je les garantissais de toutes déprédations de la part de nos soldats ; qu'à la moindre plainte justifiée portée contre mes hommes, justice immédiate serait faite en vertu des lois ⸀militaires.

De cette façon je me proposais un double but.

Obtenir la sympathie des habitants et leur donner confiance.

D'autre part, mes soldats, par le fait de cette proclamation, sentaient toujours une épée de Damoclès prête à frapper à la moindre incartade. Ils savaient que, sur le champ, je mettrais à exécution ce que j'avançais.

Après avoir pris les ordres de M. le général de Polhès, commandant la 19ᵉ division militaire, nous quittâmes Bourges le 16 octobre, et fûmes d'une traite à Aubigny (39 kilomètres), où je laissai reposer mes troupes la journée du 17.

Le 18, à quatre heures du soir, je me mettais en marche sur Clémont et Isdes, quand je reçus coup sur coup trois dépêches signées du général de Polhès ; toutes me disaient que par ordre du ministre de la guerre, j'aie de suite à me replier sur Tours.

Le même jour, une personne de l'identité et de l'honorabilité de laquelle je m'étais assuré, après lui avoir fait signer sa déclaration, m'apprenait que venant d'Etampes, passant par Orléans, elle avait vu un corps de 15,000 hommes s'avancer par deux grandes routes :

1º Celle d'Orléans à Bourges, passant par Jargeau, Vanne, Isdes et Aubigny ;

2º L'autre allant de Sully à Cerdon et Argent.

J'étais donc en droit de conclure que l'ennemi tentait ou un coup de main sur notre camp d'Argent, ou voulait marcher sur Vierzon.

Je devais obéir et me replier sur Tours ; mais avant, je crus qu'il était de mon devoir d'aller donner ces renseignements au général Martin des Paillères qui commandait le camp d'Argent.

Arrivé à Tours, je fus mandé au ministère de la guerre pour y recevoir des ordres.

Le délégué à la guerre, M. de Freycinet, m'ordonna de partir seul pour Salbris, quartier du général d'Au_ relles de Paladines pour lequel j'étais chargé d'un pli cacheté.

Arrivé à Salbris à 3 heures du matin, et ma mission terminée, je retournai à Tours, en attendant de nouvelles instructions.

En effet, la lendemain, je reçus l'ordre de retourner avec mon batalllon à Salbris et de me mettre sous les ordres du général de Polhès. commandant un corps en formation.

Là, je reçus un renfort de deux compagnies provenant de mon dépôt de Moulins.

Ayant pris les instructions du général de Polhès, nous nous mîmes en marche sur Laferté-Saint-Aubin, où l'ennemi venait chaque jour faire de fortes réquisitions.

J'avais reçu pour mission de garantir de toute surprise le camp de Salbris, de refouler les reconnaissances ennemies ; d'intercepter tous ravitaillements (de quelque nature qu'ils fussent) se dirigeant sur Orléans.

Il est inutile d'entrer ici dans des détails concernant nos marches et les engagements journaliers que nous eûmes avec l'ennemi.

J'exécutai strictement les ordres qui m'étaient donnés, refoulant l'ennemi et resserrant chaque jour le périmètre de ses excursions.

Dès le 7 novembre, ma gauche était établie à **Ardon**, mon centre en avant de Laferté-St-Aubin et Marcilly-en-Vilette, et ma droite poussait des reconnaissances à Saint-Cyr-en-Valle et jusque près de Sandillon.

Déjà, depuis deux jours, choisissant parmi mes soldats ceux que j'avais jugé être le plus intelligents, j'avais organisé un service de reconnaissance qui m'a rendu de grands services.

Le 8 novembre, l'un de mes hommes revint d'Orléans, m'annonçant que l'ennemi semblait prendre ses dispositions pour évacuer la ville.

D'autre part, j'entendais le canon gronder sans relâche sur ma gauche, et pourtant l'ennemi avait toujours un camp (4,000 hommes) à Olivet et une forte réserve de cavalerie à Sandillon.

Ignorant entièrement le mouvement ainsi que le succès du général d'Aurelles de Paladines, je pris le parti d'aller seul à Salbris informer le général commandant de ce qui se passait, quand à Lamotte-Beuvron je rencontrai le général Faye qui précédait un corps d'armée.

Il m'apprit que le général de Polhès avait été relevé de ses fonctions, et que lui avait reçu l'ordre de lever le camp de Salbris et de marcher sur Orléans ; mais que ses ordres étaient si précis, qu'il devait mettre deux journées de marche avant de se présenter devant la ville ; que quant à moi, je pouvais agir comme bon me semblerait.

Ma résolution fut rapidement prise ; je me déguisai, et muni d'un laissez-passer allemand, j'entrai par une pluie torrentielle à Orléans ; c'était le 9 novembre, à deux heures du matin.

Il me fut donné de voir, en effet, qu'une grande anxiété régnait parmi l'état-major Allemand logé à l'hôtel de la Boule d'Or ; et quelque précaution qu'il prît, il était facile de discerner que l'évacuation était prochaine.

Le faubourg Saint-Jean offrait un aspect tout particulier.

Je vis des convois entiers de blessés entrer en ville, escortés par des soldats couverts de boue, et dissimulant mal leur découragement.

Sans perdre une minute, je retournai à mon poste, et telles furent les dispositions que je crus devoir prendre, que cinquante hommes resteraient au point d'intersectiou du chemin de fer et de la route de Vierzon à Orléans ; à deux compagnies le soin de s'emparer de vive force de Sandillon et de s'avancer avec prudence par Saint-Denis-en-Val ; au cas d'un échec elles devaient se replier sur Laferté-Saint-Aubin où devait se trouver le général Faye.

Quant à moi, mon devoir était de prendre 200 hommes, (quoique les difficultés fussent grandes) de traverser la Loire, un peu au-dessous de Mareau-en-Val, et de marcher sur le canon.

Avant Chagny, un régiment Bavarois qui avait été prévenu de notre approche, disparut.

Le bruit du canon s'éloignait, et les formidables détonations d'artillerie semblaient devenir plus rares.

Il devint donc évident que le général d'Aurelles remportait une grande victoire.

Mes soldats étaient ivres de joie.

Je me mis à la recherche du général d'Aurelles, afin de lui transmettre une communication dont j'avais été chargé par le général Faye, mais les nécessités du commandement firent qu'il me fût impossible de rencontrer le général.

J'envoyai de suite mon ordonnance porter l'ordre à ma réserve de s'avancer en toute hâte, et longeant la Loire ; nous fîmes notre entrée à Orléans le 10 novembre à 3 heures du matin. On me signala trois compagnies d'infanterie bavaroise qui semblaient vouloir nous disputer l'entrée. il n'en fut rien pourtant, car à notre approche, elles se replièrent précipitamment vers la gare, et nous pûmes franchir les portes d'Orléans aux acclamations de la population qui à l'envi, jetait des fleurs à mes soldats.

Seul le torps du commandant de Cathelineau nous avait précédé de quelques heures.

Nous fîmes un certain nombre de prisonniers ; et la chose était d'autant plus facile, que ces malheureux Bavarois affolés ne demandaient qu'à se rendre.

Nous étions à Orléans depuis deux jours, lorsque le général Dariès, commandant supérieur de la place, m'annonça que toutes les troupes devaient quitter la ville et que j'aie à prendre mes dispositions.

Je fis camper mes hommes à Olivet où le général Faye vint également établir son quartier général, et céda ensuite le commandement au général Hinglais.

La saison s'avançait, des pluies continuelles mêlées de neige avaient fait abaisser la température, le froid devenait trés-vif : j'avais assisté à Orléans à la distribution des quelques paires de chaussures que mon officier d'administration M. Pallard avait amenées, ainsi que quelques objets de campements : Un grand nombre de mes soldats restaient déchaussés et avaient les vêtements déchirés, beaucoup n'avaient ni chemises, ni caleçon, ni flanelle, ni capote, etc. A chaque instant je m'attendais à marcher en avant ; comment amener des hommes, dépourvus de tous vêtements capables de les soustraire un peu au froid qui se faisait vivement sentir, et à une époque aussi avancée de l'année.

Les Intendances à Orléans étaient dépourvues de tout à ce moment-là.

Sur l'autorisation de M. le délégué à la guerre, je dus, après avoir cédé le commandement à celui de mes officiers qui m'offrait le plus de garantie, aller en toute hâte à Tours où je savais obtenir ces objets qui m'étaient si nécessaires.

Deux jours après je me disposais à revenir à Orléans, muni de tout ce qui me manquait pour pouvoir continuer la campagne, quand M. le Ministre m'ordonna d'aller à Vierzon compléter l'organisation d'une compagnie de Francs-Tireurs en formation, et qui fut placée sous mon commandement en date du 19 novembre, avec ordre de me rejoindre à Artenay.

Je dus donc rester un jour à Vierzon, et repartir pour Orléans rejoindre mon bataillon, lorsque j'appris qu'on l'avait dirigé sur Arthenay,

Le 24, à 10 heures du matin, au moment où le 15ᵉ corps, sous les ordres du général Martin des Pallières partait de Chevilly pour se porter sur Saint-Lyc, nous fûmes attaqués (faiblement) ; et après quelques coups de canon échangés de part et d'autre, tout rentra dans le calme à 4 heures de l'après-midi.

Le même jour, l'ennemi tenta une attaque infructueuse sur Neuville.

Rentré à Chevilly y faire quelques provisions, je vis le général d'Aurelles de Paladines accouru au bruit du canon, qui voulant bien me reconnaitre, me fit l'honneur de me demander quelques renseignements que je lui fournis.

Arrivés à Neuville le 25, le commandant de place nous dirigea de suite sur Chilleurs-au-Bois où nous arrivâmes à 11 heures du soir par une pluie battante qui n'avait cessé de tomber depuis six jours.

A Chilleurs-au-Bois se trouvaient :

Un bataillon de tirailleurs algériens, commandant Chevreuill ; un bataillon de chasseurs à pied (4ᵉ de marche), commandant Sico ; plusieurs compagnies du 75ᵉ de marche (je crois) et un détachement de chasseurs à cheval.

Comme commandant supérieur, le colonel Choppin.

Le 26, je dus laisser prendre du repos à mes troupes, car, depuis le 22, mes soldats avaient exécuté de longues marches sous une pluie torrentielle, au travers des terrains de la Beauce, qui, détrempés, deviennent presque impraticables.

A cette même date, la Compagnie des Francs-tireurs Vierzonnais, sous la conduite du capitaine Touttain, ne m'ayant plus trouvé à Artenay ; vint se mettre sous mon commmandement.

Ce même jour cependant, mes 1ʳᵉ et 2ᵉ compagnies me demandèrent l'autorisation d'aller faire une reconnaissance.

Je les envoyai sur la route de Chilleurs à Montigny ; (ce dernier était occupé par l'ennemi), avec mission de s'approcher le plus possible de ce point, afin de s'assurer soit du nombre, soit des travaux que l'ennemi pouvait avoir exécutés.

A ce propos, je dois dire que les officiers, commandant les 1ʳᵉ et 2ᵉ compagnies, s'étant approchés à 600 mètres de l'ennemi, et ne voyant que des terrassements et quelques vedettes qui se repliaient, conçurent l'idée hardie de tourner obliquement la position et virent un parc de 8 pièces d'artillerie masquées par des épaulements en terre.

Aussitôt ils commencèrent le feu en enfilade, et l'ennemi dut se contenter de riposter par des boîtes à balles, qui sauf quelques képis et vareuses troués, ne leur firent aucun mal.

Montigny n'était donc que faiblement occupé.

Le 27, les 2ᵉ et 3ᵉ compagnies se portèrent sur la route d'Orléans à Pithiviers.

Tandis que j'envoyai les 1ʳᵉ, 4ᵉ et la moitié de la 6ᵉ, explorer une autre route presque parallèle en cet endroit à la première, et allant également d'Orléans à Pithiviers, mais passant par Bouzonville et Sully-la-Chapelle,

La première compagnie était retournée sur la route de Montigny, d'où elle revint avec deux hommes légèrement atteints.

Les 2ᵉ et 3ᵉ compagnies, après avoir repoussé une reconnaissance ennemie, occupèrent une maison en avant d'un moulin à vent (Santeau) et située à l'intersection d'un chemin venant aboutir à la route. Elles laissèrent un poste de 25 hommes et rentrèrent sans aucune perte.

La 4ᵉ et la 1ʳᵉ moitié de la 6ᵉ me firent savoir qu'elles ne pouvaient abandonner un poste dont elles venaient de s'emparer, sans perdre les bénéfices de 10 kil. bien gardés sur notre droite.

Le même jour, à 10 heures du soir, M. le commandant des tirailleurs algériens me transmit l'ordre du colonel commandant la place de remplacer, à minuit précise, dans le service de grand'garde, ses tirailleurs qui devaient exécuter un mouvement cette nuit.

Dans la même journée, 27 novembre, j'avais envoyé la compagnie des Francs-tireurs Vierzonnais s'emparer d'un village appelé Mareau-au-Bois, gros village situé à 6 kil. en avant de Chilleurs et à droite de la route conduisant à Pithiviers.

Ce village offrait un avantage sérieux, en ce sens que, placé sur un monticule, il permettait de suivre les mouvements des troupes ennemies à une grande distance.

C'était un poste dangereux, et je n'hésitai pas à en confier la mission au capitaine Touttain, des Francs-tireurs Vierzonnais, qui l'enleva bravement.

Je renforçai le poste de Santeau, ne laissai que 25 hommes à Vrigny, et rappelai une compagnie et demie ; ce qui me permit d'avoir le nombre d'hommes nécessaires au service de grand'garde que je relevai moi-même à minuit précise.

De telle sorte que dès ce jour, nous étions d'extrême grand'garde, depuis la route de Montigny jusqu'à Vrigny, en suivant une ligne passant par Santeau et Mareau.

Le 28 dans la nuit, mes postes de Vrigny et Montigny ayant été relevés par des mobiles, ils rentrèrent à Chilleurs.

Le 29 à 8 heures du matin, je reçus verbalement de M. le colonel Choppin l'ordre de me porter en toute hâte, au village de Santeau avec tous les hommes que j'avais sous la main.

Vingt minutes après, nous étions au poste indiqué, où vint également le 4e de marche des chasseurs à pied ; nous prîmes rapidement nos dispositions de combat ; on redoutait une attaque. Il n'en fut rien ce jour-là.

Cependant, je dois dire que l'attitude de mes soldats fut telle, que le commandant des chasseurs ne se trouvant pas suffisamment en force, me pria de lui céder une compagnie.

J'acceptai cette proposition, mais j'y mis la condition expresse que mes soldats auraient l'honneur d'être les premiers à recevoir le choc de l'ennemi : le commandant Sico y consentit et fit masser son bataillon derrière une petite maison sur le bord de la route de Pithiviers, en plaçant mes soldats sur le front.

Quant à moi, je me portai rapidement en avant et sur

la droite, en déployant une longue ligne de tirailleurs.

Toute la journée se passa dans l'attente, et le soir nous dûmes camper sur nos positions.

Néanmoins, comme j'avais tous mes soldats sous la main, ne laissant que le nombre d'hommes strictement nécessaire à la garde des fourgons restés à Chilleurs, je fis occuper de vive force, le lendemain, un gros village appelé les Brosses; je m'y retranchai, et fis créneler les murs des jardins qui faisaient face à l'ennemi, établi à 800 mètres au plus.

Ce village des Brosses se trouve situé à 1,000 mètres environ en avant de Santeau, et à égale distance de la route conduisant à Pithiviers.

Il est également à la même hauteur que Mareau par rapport à cette route ; de sorte que, par l'occupation de ce village, ma droite étant appuyée sur les francs-tireurs Vierzonnais, renforcés de ceux de Tours (capitaine Sansas), je me trouvais solidement à cheval sur la route d'Orléans à Pithiviers.

A cette même date, 30 novembre, grâce à mes intelligences, j'étais prévenu que Pithiviers n'était occupé que par six ou huit cents hommes, tous appartenant à la Landwer.

Au rapport, je proposai d'occuper cette ville, éloignée de mes troupes de 7 kilomètres seulement.

Pour tenter ce coup de main, dont la réussite était certaine, il me fallait avoir l'assurance d'être appuyé.

Le commandant Sico, des chasseurs à pied, qui avait conçu la joie la plus vive à l'idée de se porter en avant et de marcher avec nous, fut chargé de me dire que les ordres les plus formels lui interdisaient de me seconder.

Je dus donc me contenter d'occuper les villages des Brosses et Mareau jusqu'au 3 décembre.

Pendant ce temps-là, le général Martin des Paillères

avait porté son quartier général à Chilleurs-au-Bois.

Des travaux de retranchements s'exécutaient à Santeau : deux batteries d'artillerie venaient prendre position sur la route, on sentait qu'une affaire sérieuse approchait.

Chaque nuit, quelques-uns de mes hommes se glissant au travers des vedettes, me rapportaient qu'un grand mouvement de l'ennemi s'opérait (1er, 2, 3 décembre).

Notamment dans la nuit du 2 au 3 décembre ils avaient vu rouler un nombreux matériel d'artillerie et de fourgons de toute nature, sur un chemin situé à 1,500 mètres de mes postes, et conduisant sur la route de Pithiviers à Montigny en passant par Ecresne.

En même temps, dans la nuit du 30 novembre au 1er décembre, l'ennemi à 800 mètres en avant du village des Brosses, donc à 2 kil. environ de Santeau, construisit un fort épaulement rectangulaire, adossé à une maison dépendant d'un moulin à vent, qui lui-même se trouvait en avant d'une grosse ferme appelée Frappui.

Sur l'une des faces tournée du côté de Santeau, deux embrasures étaient ménagées, tandis qu'une ouverture seulement était pratiquée sur le côté regardant Montigny.

Je fis bien inquiéter les travailleurs, mais je savais que c'était de la poudre perdue, si le canon du moulin de Santeau ne démolissait et la ferme, et les ouvrages qui la précédaient.

Je le proposai ; on ne crut pas devoir le faire, et pourtant cette position servait de relai à l'ennemi dans ses mouvements journaliers de Pithiviers à Montigny *et vice versa* et devait, deux jours plus tard, nous faire beaucoup de mal.

Nous sommes au 3 décembre !...

Une légère description topographique est peut-être

nécessaire pour l'intelligence de la bataille qui eut lieu ce jour-là : je vais rapidement l'exquiser.

Non pas qu'il entre dans mon cadre, de narrer ici toutes les phases de ce combat, mais bien de m'en tenir strictement à la description rapide, de la part qu'y prit mon bataillon.

L'armée française (corps Martin des Paillères) occupait un arc de cercle a peu près régulier, partant de la forêt d'Orléans et aboutissant à 2 kil. en avant de Chilleurs, en passant par Mareau et Santeau et allant rejoindre la route de Chilleurs à Montigny.

Cet arc de cercle, dont la corde mesurait 4 kil. environ, était coupé par un rayon, représenté par la route de Chilleurs à Pithiviers.

Au centre et à droite de la route, se trouvaient le village de Mareau et la modeste église de Santeau entourée de quelques maisons.

Sur la route même, un moulin à vent et ses dépendances.

Positions qui toutes, dominaient au loin, et dans la direction de Pithiviers, la campagne non-boisée.

L'armée française était ainsi disposée, qu'elle avait sa droite appuyée à la forêt, le centre occupait le plateau de Santeau, et la gauche faisait face à Montigny.

Une ligne de tranchées reliait entr'eux les villages de Mareau, Santeau et le moulin à vent.

Une seconde ligne de tranchées placées à 1,000 mètres en arrière, protégeait Chilleurs.

Un peu en avant du moulin à vent, on avait établi une batterie d'artillerie, abritée par des ouvrages en terre.

Le samedi 3 décembre (comme je l'ai déjà dit, mon bataillon occupait les Brosses à 1,000 mètres en avant de Santeau, la compagnie de Vierzon était à Mareau). A 7 heures du matin j'étais allé à Santeau, communiquer au lieutenant-colonel commandant un régiment d'infanterie de marine arrivé de la veille, mes observations de la nuit, quand de la route nous vîmes se dessiner un mouvement de l'ennemi, débouchant par deux routes presque parallèles à leur départ, et allant de Pithiviers à Orléans.

Il se forma en bataille sous nos yeux (1,500 à 2,000 mètres et en avant de nous), un peu au-dessous du monticule sur lequel est situé le village de Mareau.

L'ennemi formait ses colonnes d'attaque avec autant d'impassibilité que s'il se fût agi d'une revue dont nous eussions été les spectateurs.

Le général Martin des Paillères aussitôt prévenu vint de Chilleurs suivi de son état-major, examiner ce mouvement.

C'était en effet le corps du prince Frédéric-Charles, sous son commandement direct, qui venait nous offrir le combat.

Les corps de francs-tireurs n'avaient été ni créés, ni destinés à être mis en ligne dans une bataille rangée.

Et pourtant, pour la troisième fois, (les 9, 27 novembre et 3 décembre) je vis avec une grande joie se présenter l'occasion de montrer ce que peuvent valoir ces soldats bien dirigés, et faire brèche à certains préjugés peu courtois à leur égard.

Dans ces mêmes combats autour d'Orléans, le brave colonel de Charette et plus tard dans l'Est le vaillant commandant Koziell et tant d'autres que je pourrais citer par leurs pertes et la solidité de leurs troupes, montrèrent ce que valaient ces préventions non-justifiées toujours.

Et d'ailleurs n'avons-nous pas eu spécialement l'honneur des colères de M. de Bismark ?

Comme toujours, je ne recevais ni ordres, ni instructions, et pourtant sur le champ je devais prendre un parti, une détermination. Il était 9 heures du matin.

Je jugeai sans peine que sur tous les points, nous allions avoir à soutenir une attaque vigoureuse.

Comme d'une part, je voyais les forces de l'ennemi s'étendre rapidement sur sa droite, dans le but de donner la main aux troupes établies à Montigny. je dus naturellement supposer, que sa gauche n'exécuterait son mouvement que lorsque cette jonction serait faite ; dans le but de tourner notre droite et nous aculer sur les forces de Montigny.

C'était leur manœuvre habituelle, et le prince Charles ne pouvait y manquer ; surtout quand on considère que ce mouvement ayant réussi, toute retraite nous était coupée, il fallait ou succomber jusqu'au dernier ou capituler.

Devant ces considérations, je fis replier les troupes que j'avais au village des Brosses, et évacuer Mareau occupé par la compagnie de Vierzon comme positions trop avancées, et qu'à moi seul je ne pouvais défendre.

Je fis placer les 1re, 2e, 5e compagnies dans une tranchée à gauche du moulin de Santeau et qui faisait face aux Brosses et à Montigny.

Tandis que me portant sur l'extrême droite, je fus établir une longue ligne de tirailleurs sans reserve, et assez espacés avec mes 3e, 4e, 6e compagnies renforcées des francs tireurs Vierzonnais et de Tours.

Mes tirailleurs par leur gauche s'appuyaient sur l'infanterie de marine, et par la droite sur la forêt d'Orléans.

En reliant la forêt à l'infanterie de marine, j'avais pour but de dissimuler au moyen d'un long rideau de tirailleurs, notre faiblesse numérique, et retarder ainsi la marche rapide de la gauche ennemie.

Il n'était que temps que je fis évacuer le village des Brosses, car dix minutes après l'avoir quitté, nous pûmes voir des éclaireurs (dragons Hessois) précédant de quelques cents mètres un corps d'infanterie ennemie, incendier toutes les maisons derrière lesquelles ils venaient de nous voir sortir.

Ce village des Brosses, que nous occupions depuis quatre jours, était un poste excessivement dangereux et dont le service était très-pénible ; car, à 600 mètres des avant-postes ennemis établis en face, ma gauche était entièrement entourée du côté de Montigny, d'où partaient de nombreuses reconnaissances qui, suivant une voie ferrée en construction, pouvaient à chaque instant nous isoler des troupes établies à Santeau ; ma droite était également à découvert par suite du voisinage de la route de Pithiviers à Chilleurs.

Sans cesse il fallait surveiller ou repousser les reconnaissances ennemies, et la nuit je devais doubler les factionnaires dont quelques-uns se trouvaient à une grande distance.

Comme je revenais de disposer mes tirailleurs, je vis venir à moi, au galop de son cheval, un jeune officier de marine faisant partie de l'état-major du général Martin des Paillères, qui me demanda où j'avais placé mes compagnies.

Le lui ayant indiqué, je lui fis remarquer que selon moi l'attaque principale devait avoir lieu au moulin à vent ; qu'ayant là trois compagnies, j'allais me mettre à leur tête.

En effet, de retour au milieu d'elles, je pus distinguer que l'ennemi avait fait des progrès rapides.

Ces profondes masses ennemies s'avançaient comme à une parade.

A la faveur d'un rideau d'éclaireurs à cheval, qui obliquant rapidement à droite, disparurent derrière les maisons du village des Brosses, un régiment d'infanterie s'était avancé, avait traversé un ponceau du chemin de fer en construction et gravissait la petite colline sur laquelle, à 1,000 mètres de là, était établie notre batterie d'artillerie du Moulin à vent.

Et pourtant pas un coup de feu n'avait été échangé : notre artillerie étant muette, celle de l'ennemi se taisait.

N'ayant reçu aucune instruction, et voyant le danger, je pris 50 hommes de ma première compagnie, et nous portant rapidement à 200 mètres en avant de notre batterie du moulin, je les fis déployer en tirailleurs et commencer le feu.

Sur le champ le régiment ennemi arrêta sa marche en avant.

Ce fut à ce moment que la batterie fixe, établie deux jours avant à la ferme de Frappui, nous envoya une première décharge de boîtes à balles.

Le tir était si juste que huit des miens, à la première décharge, tombèrent à mes côtés.

Notre artillerie ne répondant pas encore, je fis coucher mes hommes, et appelai ma réserve qui, conduite par mon capitaine adjudant-major M. Maussant, s'avança rapidement et ouvrit un feu bien nourri sur l'ennemi, qui n'était plus qu'à 600 mètres.

Ce fut à ce moment-là, que la batterie placée derrière nous riposta.

Pendant ce temps le commandant Sico des chasseurs à pied voyant l'attitude de mes soldats, vint au milieu d'une pluie de mitraille qui s'abattait sur nous, les féliciter chaleureusement de leur conduite.

Il était 11 heures 1[4, le feu était ouvert sur toute la ligne avec une vigueur extrême.

Dès les premiers coups, notre batterie du moulin à vent fut atteinte d'une façon fâcheuse : néanmoins les artilleurs étaient pleins d'entrain et faisaient vaillamment leur devoir.

Notre position n'était plus tenable ; je dus faire replier mes hommes et les abriter dans la tranchée, je dus suivre le mouvement de l'artillerie en la couvrant.

Ce fut à ce moment que je m'entendis appeler par un de mes soldats grièvement blessé, me suppliant de ne pas l'abandonner à une mort certaine.

Retournant sur mes pas et relevant ce malheureux, je fus le mettre à l'abri dans une petite maison située à 100 mètres de là, et près de laquelle mes compagnies s'étaient repliées.

Près d'atteindre cette maison, un obus venant éclater contre l'un des angles, m'atteignit au genoux gauche et faillit nous couper en deux, mon fardeau et moi.

Malgré ce choc, les nécessités du commandement firent que je dus m'établir un peu à gauche vers une demi-batterie de mitrailleuses, confiée à la garde d'un faible détachement de tirailleurs algériens sous la conduite d'un sous-lieutenant, et qui balayait les assaillants du côté de Montigny.

La position n'étant plus tenable et ayant affaire à des forces considérables, l'artillerie accentua davantage son mouvement de retraite, ainsi que les mitrailleuses qui se replièrent sur Chilleurs.

Je dus donc également suivre le mouvement et abandonner ce côté du champ de bataille.

Dans cette situation , mon devoir était de me porter sur la droite, soutenir mes 3e, 4e et 6e compagnies.

Pour cela je dus traverser toute la largeur du champ de bataille, entre la première et la deuxième ligne de tranchées.

Les obus pleuvaient littéralement dans ces parages,

et pourtant j'eus le bonheur de ne perdre personne dans ce trajet.

Ce fut dans ce parcours que je fus appelé à admirer le courage du régiment d'infanterie de marine, qui n'abandonnait ses positions qu'à la dernière extrémité et la rage au cœur.

Pendant ce temps-là, mes tirailleurs ne cédaient le terrain que pas à pas, tenant à distance, par une fusillade meurtrière, un corps d'infanterie et de cavalerie qui cherchait à tourner la position en longeant la forêt.

Il était cinq heures du soir ; le grand mouvement de retraite s'était depuis longtemps déjà accentué ; je raliai mes compagnies et nous atteignîmes la route qui traversant la forêt conduit à Orléans.

La route était encombrée de fourgons, de canons, de cacolets, de troupes de toutes sortes qui battaient en retraite.

Ce fut là que je rencontrai mon lieutenant d'administration M. Pallard, qui, avec une rare sagacité, avait su prendre ses dispositions pour faire évacuer à temps nos fourgons et nos munitions.

La marche était lente et rendue pénible par suite des trous de taupes que l'on avait pratiqués, lors des travaux de défense exécutés dans la forêt.

Exténué, et la douleur ayant dominé la surexcitation, je dus monter une voiture.

Il était une heure avancée de la nuit quand nous atteignîmes les portes d'Orléans.

Là, point de logement, les hôtels étaient encombrès depuis plusieurs heures ; il fallut bivouaquer dans la rue, par une neige et par une pluie qui ne cessaient de tomber.

Grâce pourtant à la généreuse hospitalité d'un habitant (M. Cellier), je pus prendre un repos qui m'était indispensable.

J'avais ordonné l'appel pour le lendemain à 11 heures, place de la cathédrale. Je ne pus m'y transporter et on vint m'annoncer que 47 absences avaient été constatées (cependant il me rentra quelques hommes plus tard) et le chiffre de mes pertes à cette bataille fut de 32 hommes tant blessés que prisonniers ou disparus, y compris un lieutenant (5e comp.) et la cantinière.

Le dimanche 4 décembre, à 6 heures du soir, nous dûmes quitter Orléans et battre en retraite sur Laferté St-Aubin où nous arrivâmes à deux heures du matin.

Un vent du Nord très-vif vint à souffler tout à coup et fit abaisser la température, ce qui rendait la marche très-pénible.

Un grand nombre d'habitants d'Orléans quittaient précipitamment la ville et faisaient que la retraite s'opérait d'autant plus difficilement que l'encombrement sur la route était déjà considérable.

A Laferté Saint-Aubin, je dus céder mon commandement à mon capitaine adjudant-major, en lui recommandant qu'au cas où la retraite se continuerait, il devrait se replier sur Vierzon et Bourges.

Le lundi, à 2 heures de l'après-midi, par un train spécial de blessés, je fus évacué sur Tours.

Pendant ce temps, toute l'armée effectuait, avec une certaine précipitation, sa retraite sur Bourges.

L'encombrement y fut subitement si considérable que mon bataillon passant par la Guerche et Saincaize alla se reformer à Moulins d'où il fut de suite dirigé sur Saint-Florent.

Le surlendemain de mon transfert à Tours, le gouvernement transportait son siége à Bordeaux.

Le bruit courait que l'ennemi ayant occupé Vierzon marchait sur Tours.

Ne voulant pas rester aux mains de l'ennemi, je quittai Tours, et passant par Poitiers, Châteauroux et Montluçon, j'arrivai à Bourges le 16 décembre,

Le lendemain, je me fis transporter à l'archevêché où j'eus une audience du général Bourbaki.

Ignorant où était mon bataillon, je demandai au général à rallier mes compagnies à Moulins, et des ordres de service.

Le général Bourbaki me fit donner ses instructions par son chef d'état-major, le général Borel, qui, sous la date du 18 décembre, m'écrivit :

« Non-seulement le général en chef ne veut pas que
« vous reformiez à Moulins, ni même à Bourges, mais
« encore il me charge de vous transmettre l'ordre de
« prendre tous les hommes disponibles et de marcher
« sur Gien.

« Néanmoins, si votre blessure ne vous permet pas
« de supporter ces fatigues, vous pouvez remettre le
« commandement à votre capitaine adjudant-major. . .

. . . .

Suivent des instructions diverses.

Conformément à ces ordres, le 19 décembre, je quittai Bourges et rejoignis mon bataillon à Saint-Florent où, chaque jour, il rentrait des isolés.

Là, pour la première fois, je fus contraint de réunir une cour martiale et d'y traduire un de mes soldats, accusé d'avoir volé 10 fr. à son camarade et occasionné la perte d'un fût de vin, en voulant en voler nuitamment à une personne, qui, à cause du froid excessif, lui avait offert l'hospitalité et qui m'en avait porté plainte.

Je ne pouvais tolérer un fait semblable, sans que la discipline en fût gravement atteinte.

La cour martiale, réunie conformément aux dispositions du décret en vigueur, et faisant application de
l'art. 6, la peine de mort fut prononcée contre le coupable.

Très-souffrant, je dus, après avoir donné mes instructions à mon capitaine adjudant-major, lui céder le
commandement.

Il se mit en marche sur Gien le 24 décembre, en passant par Bourges et Aubigny.

L'ennemi occupait solidement, cette fois, la rive gauche de la Loire : il était maître de Gien, avait un camp
à Sully, et un autre à Laferté-Saint-Aubin, d'où rayon-
naient journeilement de fortes reconnaissances qui
s'avançaient, partant de Laferté jusqu'à Nouan-le-Fuse-
selier et Salbris.

D'un autre côté, jusqu'à Argent et Aubigny.

La compagnie de Vierzon fut chargée de garder la
route de Salbris à Laferté.

Dans cette situation, quelle devait être mon attitude ?

Je devais tout d'abord établir une ligne non interrompue de veilleurs vigilants qui, depuis Salbris jusqu'à
la hauteur de Gien, pût garer de toute surprise le
mouvement de l'armée du général Bourbaki, et dissimuler sa marche à l'ennemi.

Puis secondairement, refouler ces reconnaissances,
qui, chaque jour, étendaient leurs excursions et faisaient peser de lourdes charges sur les populations.

Teiles étaient les instructions que je laissai à mon
capitaine le soin d'exécuter.

C'est ainsi que le 23 décembre, une forte colonne ennemie s'était avancée jusqu'à Aubigny, menaçant ia
ville de ses canons, l'avait imposée à lui payer 18,000 f.
et permis deux heures de pillage, emmenant des ôtages
et promettant de ne quitter la ville que lorsque toutes

ces exigences seraient satisfaites, et disant hautement qu'elle reviendrait fréquemmnent.

Et pourtant, à La Chapelle-d'Angillon, distant seument de 18 kilomètres, nous avions un petit camp formé de mobiles, mobilisés, quelques fusiliers marins avec quelques pièces d'artillerie.

Comme on redoutait une attaque sur Bourges. on avait barricadé la route de Gien à Bourges, entre Aubigny et La Chapelle-d'Angillon.

Le capitaine Maussant mena très - vigoureusement cette opération, et arrivant à marche forcée, à Aubigny, il trouva la population consternée.

Les habitants étaient certains d'un retour offensif de l'ennemi pour ce jour même.

Mon capitaine s'établit solidement à Aubigny ; sans perdre une minute, il envoya une compagnie (6e) occuper Argent et se porta en personne avec deux compagnies à Clémont, situé à 12 kil. en avant d'Aubigny.

Pendant ce temps-là, j'étais allé à Vichy prendre un repos que ma blessure rendait nécessaire.

Deux jours après mon arrivée à Vichy, le 1er janvier ; je reçus une dépêche très-pressante de mon capitaine.

Tout en me mettant au courant de ses opérations, il me disait qu'il était débordé et que ma présence au bataillon était urgente.

Je n'avais pas à hésiter, et le 3 janvier, j'arrivai à Aubigny où était ma réserve.

Le 4, ne pouvant monter à cheval, je me fis transporter à Clémont où je retrouvai M. Maussant qui m'exposa la situation.

En effet, la discipline s'était subitement relâchée. et des faits regrettables s'étaient produits.

Un de mes soldats étant en faction, et sur une observation d'un sergent de ronde, lui tira un coup de fusil qui, heureusement, ne l'atteignit point.

A ce propos, je dois dire que M. le commandant sous-chef d'état-major de M. le général Mazure, commandant la 19ᵉ division militaire à Bourges, m'avait discuté le droit de réunir une cour martiale à l'occasion de la première fois que j'avais eu à sévir à Saint-Florent, prétextant que mon bataillon n'étant pas *au complet*, je devais faire conduire le coupable à la division.

J'arguai que fort peu de bataillons, même au début de la guerre, étaient au complet ; qu'en outre, là où il n'y avait pas de gendarmerie ; je ne pouvais distraire de mes forces déjà restreintes, des hommes pour escorter les coupables : et comme je me trouvais toujours en avant et de beaucoup, de tout corps d'armée ; je ne pouvais avoir recours à la prévôté ; que, conséquemment, je ne pouvais employer ce moyen ; qu'en outre, vu l'esprit et la lettre même du décret rendu le 2 octobre sur la nécessité d'établir des cours martiales.

Vu le texte même de l'art. 1ᵉʳ ainsi conçu :

« A partir du jour de la promulgation du présent dé-
« cret, des cours martiales seront établies pour rempla-
« cer les conseils de guerre, jusqu'à la cessation des
« hostilités, dans les divisions *actives* et dans les *corps*
« de troupes *détachés* de la force d'un bataillon au moins
« et marchant *isolément.* »

J'étais *chef de bataillon*, j'agissais comme corps *déta-*
« *ché*, et marchais *isolément.*

Pour moi il ne pouvait exister d'ambiguité. Chacun de nous s'en tint à son interprétation, et la question fut soumise à la décision de M. le ministre de la guerre.

Comme la décision ministérielie ne m'était pas encore parvenue, je crus devoir faire diriger le coupable sur Bourges (d'où il parvint, du reste, à s'échapper le

3 mars), et le mettre à la disposition de M. le général Mazure.

Cet acte de déférence pour l'interprétation de M. le commandant sous-chef d'état-major me valut un nouveau malheur.

En effet, quelques jours plus tard, en arrivant à une halte, les faisceaux n'étaient pas encore formés qu'un soldat de la 4ᵉ compagnie, n'ayant pas vu punir sur le champ le soldat dont il est question plus haut, crut sans doute jouir de la même impunité ; car, à bout portant, il déchargea son arme sur son sergent qui, en route, l'avait appelé traînard, et l'étendit raide mort.

C'était un de mes meilleurs soldats et un honnête père de famille qui venait de m'être enlevé.

L'hésitation n'était plus possible, et je dus agir rigoureusement.

Sur le champ, je formai une cour martiale, y traduisis le coupable qui fut condamné à la peine de mort.

Le lendemain matin à 8 heures, je le fis passer par les armes ; en présence du bataillon tout entier que j'avais réuni pour cette exécution.

A partir de ce jour, la discipline était rétablie.

Dès mon arrivée, il me fut facile de voir que l'ennemi n'osait plus, comme précédemment, pousser des reconnaissances avec quelques faibles détachements.

Il ne marchait qu'en fortes colonnes de 600 à 1.500 hommes, et toujours avec du canon, tant pour repousser nos attaques que pour effrayer les populations.

Je dus donc également modifier ma manière d'opérer.

Comme force numérique, me trouvant de beaucoup inférieur, je dus diviser mes compagnies, harceler l'ennemi nuit et jour, me faufiler au travers de ses lignes et l'attaquer sur plusieurs points simultanément, afin de lui donner le change sur les forces dont je disposais.

Cette tactique me réussit parfaitement ; et afin d'obtenir des résultats plus complets, je m'attachais à organiser dans les campagnes, des compagnies de volontaires.

La tâche était laborieuse. Il était difficile de rompre l'atonie des populations rurales, qui craignaient pardessus tout, les représailles de l'ennemi.

Au seul cri : voilà les Prussiens, tous s'enfuyaient, ou bien, par une mine piteuse, et souvent de coupables complaisances, cherchaient à se concilier les bonnes grâces de nos ennemis.

Il faut ajouter à cela la pusillanimité d'un grand nombre de maires et de notables des campagnes, qui, loin d'encourager les actes isolés de virilité et de courage , les étouffaient en menaçant les auteurs.

Je dus donc réagir contre toutes ces fâcheuses tendances.

Pour cela, je commençai à emmener dans nos expéditions quelques paysans résolus, qui, voyant la façon dont nous traitions ce monstre si redouté par eux, racontaient aux leurs en rentrant, ce dont ils avaient été témoins, et la part qu'ils y avaient prise ; leur donnaient du courage et faisaient ainsi de nombreux prosélytes à mon idée, qui grandissait chaque jour.

D'autre part, voyant nos opérations réussir, les populations reprenaient courage, avaient confiance , et les Conseils municipaux reconnaissants, nous apportaient des adresses de remercîments ; pour avoir débarrassé le pays d'ennemis implacables, et prenaient l'engagement de m'aider dans l'œuvre que j'avais entreprise.

Quinze jours après, je pouvais compter sur 750 volontaires pris dans les campagnes, tous armés et résolus à faire leur devoir.

Plusieurs fois j'eus à utiliser quelques-unes de ces compagnies ; elles me secondèrent vigoureusement.

Mais je réservais la totalité de ces forces, pour une action décisive que je méditais sur Laferté-Saint-Aubin.

Ma gauche pouvait s'appuyer sur la compagnie de Vierzon, opérant dans les environs de Lamotte-Beuvron, et qui me tenait au courant de ses opérations ; ma droite, sur deux autres compagnies de Francs-Tireurs, qui gardaient te territoire compris entre Saint-Martin-sur-Ocre et Coullons.

De telle façon qu'une ligne solide et non interrompue de Francs-tireurs tenait la campagne depuis Saint-Martin-sur-Ocre jusqu'à Lamotte-Beuvron.

Par nous attaqué chaque jour, et sans cesse refoulé, l'ennemi devait forcément abandonner bientôt la rive gauche de la Loire.

Il restait donc Laferté-Saint-Aubin, où l'ennemi s'était fortement retranché. Ce fut contre ce dernier point que je résolus de tenter un sérieux coup de main.

Comme j'ai eu occasion de le signaler, le service d'indicateurs, fait par quelques-uns de mes soldats, me fournissait des renseignements précieux sur ce qui se passait à Orléans et les environs ; et c'est souvent au travers de grands dangers que ces hommes pouvaient rentrer daus leurs compagnies, où ils se conduisaient toujours en braves soldats.

Tant il est vrai que le patriotisme décuple les aptitudes de certains hommes.

En outre, les prisonniers que nous faisions accusaient un ennui profond de la lenteur de cette guerre qui les retenait loin de leurs foyers.

Je crus le moment d'agir venu ; le 27 janvier, j'avais envoyé chercher à Laferté un homme (Louis Maugas), qui, depuis le mois d'octobre, m'avait donné des preuves d'un grand patriotisme et nous avait rendu de précieux services. J'avais besoin d'avoir de lui des renseignements sur les habitudes intimes de l'ennemi à Laferté.

Il s'empressa de se rendre à mon appel, et je lui fis part de mon projet d'enlever le camp de Laferté-Saint-Aubin. Il partagea entièrement ma manière de voir, m'encouragea à l'exécuter, et s'offrit spontanément de marcher avec nous et de me servir de guide.

Pour exécuter ce projet, la prudence la plus élémentaire exigeait qu'Aubigny fût occupé, comme devant être ma base de retraite au cas d'un insuccès.

A cet effet, sous la date du 20 janvier, j'écrivis à M. le général Mazure afin de le prier de faire occuper Aubigny, ne fût-ce que par 200 mobilisés, qui, dans ce cas, eussent été d'un grand soutien.

Nous avions des troupes inactives à La Chapelle-d'Angillon ; je ne voyais donc aucun danger à cette occupation, et cela m'était d'autant plus nécessaire, que, depuis 10 jours, je me trouvais à 50, 60 et souvent 70 kilomètres en avant de ce camp, isolé de tout secours.

Il devenait donc téméraire de s'avancer davantage dans ces conditions, surtout étant continuellement entourés de trois côtés par un ennemi qui pouvait à chaque instant nous cerner.

M. le général Mazure ne crut pas devoir accepter ma proposition, à savoir de faire occuper Aubigny, et me fit savoir par la même dépêche qu'il avait envoyé des munitions à La Chapelle, munitions dont j'avais besoin pour mes volontaires des campagnes

Je n'en persistai pas moins dans ma résolution.

Je fis savoir à tous les volontaires qu'ils eussent à se tenir prêts à marcher, et que, le moment venu, je leur fe rais savoir le lieu et l'heure où ils devaient venir nous rejoindre.

Le 28 janvier, toutes mes dispositions étaient prises ; et tel était mon projet que, le 29 au soir, toutes mes forces étant réunies, nous partions de Brinon. Après une marche dissimulée par les bois qui sont nombreux en cette contrée, et, sous la conduite de mon guide, nous devions traverser la route de Lamotte-Beuvron à Laferté, à un endroit appelé les Muids ; puis, continuant notre marche, nous devions arriver avant le jour, à un château isolé au milieu des bois, et baigné par une petite rivière (la Canne.) Là, je consignais d'une façon absolue et mes hommes et les gardiens du château, jusqu'au soir où nous devions reprendre notre marche pour parcourir les 6 kilomètres qui nous restaient à faire pour arriver au-delà de Laferté-Saint-Aubin, que nous évitions et laissions un peu à droite. Je faisais occuper solidement toute la ligne de retraite par la route d'Orléans ; toutes les autres issues étaient également gardées : Laferté se trouvait donc cerné de toutes parts.

Le succès n'était pas douteux, car je savais que les soldats étaient logés chez l'habitant ; que l'état-major tout entier se trouvait au château (dernière maison à droite sur la route d'Orléans) ainsi que 3 pièces de canons placées dans la cour et gardées par deux factionnaires seulement.

Je me réservais de me porter en personne sur le château, et je suis convaincu que ; pris à l'improviste au milieu de la nuit, se voyant cerné de toutes parts, l'ennemi devait se rendre.

Les événements me refusèrent cette satisfaction ; car, le 29 janvier, l'armistice m'est signalé par une dépêche, signée général Mazure, m'ordonnant de faire cesser partout les hostilités.

Il fallut se résigner et obéir.

Le 30 janvier, les troupes demeurées jusque-là à La Chapelle-d'Angillon s'avancèrent jusqu'à Aubigny et Argent.

Nous n'en conservâmes pas moins nos positions jusqu'à ce que, quelques jours plus tard et conformément aux conditions du traité, et afin de se tenir sur les li. mites d'une zône neutre, nous dûmes nous replier jusqu'à Saint-Martin-d'Auxigny, abandonnant ainsi 70 kil. et plus que nous avions si péniblement conquis ! . . . . laissant de cette façon les routes de Vierzon et Bourges à la discrétion de l'ennemi.

Enfin, le licenciement du bataillon des Francs-tireurs Bourbonnais eut lieu le 9 mars 1871.

DÉPÈCHES

ET

PIÈCES JUSTIFICATIVES

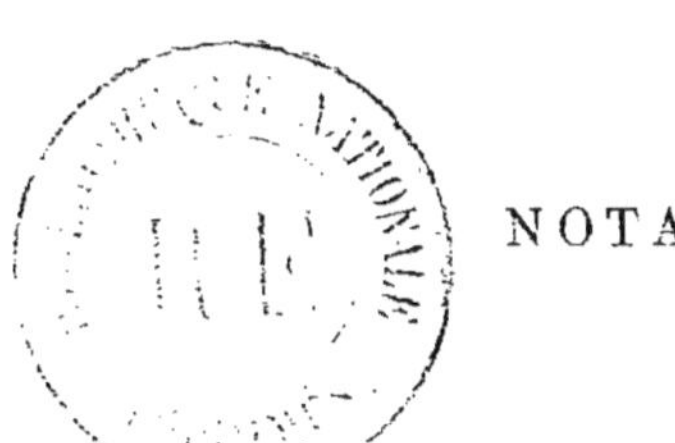

NOTA

1° Dans ce recueil on trouvera les preuves officielles qui démontrent que des populations que j'avais trouvées, au début de la campagne, timorées, indifférentes et presque hostiles, furent, par l'exemple du devoir et de la discipline en campagne, métamorphosées ; et toutes se disposaient à la fin, à prendre une vigoureuse offensive.

2° Ce dossier eût été le plus volumineux si l'ennemi ne m'eût pas enlevé mes bagages pendant la retraite d'Orléans.

3° Toutes les adresses des divers conseils municipaux sont revêtues des signatures des conseillers, ainsi que du sceau de la mairie.

4° Pour constater combien étaient grandes les difficultés que j'éprouvais à briser le mauvais vouloir de certains maires, je publie une lettre officielle comme type. Mais on comprendra, sans qu'il me soit besoin de l'expliquer, que des raisons de haute convenance, me font un devoir de taire et le nom de la commune, et le nom du maire ; qui se trouvent sur la pièce en ma possession, revêtus également du sceau de la mairie.

PROCLAMATION

Affichée dans toutes les localités où j'étais appelé par les nécessités de la guerre.

CHERS COMPATRIOTES,

Commandant des Francs-tireurs bourbonnais,

J'ai l'honneur de vous prévenir que je viens dans votre localité pour vous protéger.

Tous mes *francs-tireurs,* recrutés avec une scrupuleuse attention, sont incapables de commettre un acte de déprédation, quelque minime qu'il soit.

Néanmoins, si, par exception, il arrivait qu'un de mes hommes se soit *permis* de commettre un attentat à la propriété ou aux personnes, que les habitants viennent de suite trouver le commandant, ou en son absence, l'officier commandant la compagnie ou le détachement. Et, après instruction sommaire, *justice immédiate* sera faite d'après les lois militaires.

Ayez confiance, chers concitoyens ! Aidez-nous dans notre patriotique mission, et vous trouverez en nous *aide et protection.*

Le *Chef de bataillon* commandant *les Francs-tireurs bourbonnais,*

ALPH. TURLIN.

MINISTÈRE DE LA GUERRE.

Ordre de service.

M. Turlin, commandant des Francs-tireurs bourbonnais, aura sous ses ordres la compagnie des Francs-tireurs Vierzonnais, capitaine Touttain (Hector), qui a l'ordre de le rejoindre à Artenay.

Tours, le 19 novembre 1870.

Pour le ministre :

Le Général-Directeur,

H. DE LOVERDO.

Vous êtes prié, par ordre de M. le général commandant la 2ᵉ brigade de la 1ʳᵉ division, de relever immédiatement les grand'gardes des tirailleurs.

Les tirailleurs partent de Chilleurs à minuit précise.

Je vous serre la main.

Par ordre :

Le Commandant ,

A. CHEVREUIL.

Chilleurs, 28 novembre 1870.

NOTA. — Cet ordre de service s'étant par hasard trouvé sur moi, a pu être conservé.

———

Après instructions verbales, le général Bourbaki me
fit connaître officiellement ses ordres.

Bourges, le 18 décembre 1870.

Mon cher Commandant,

J'ai parlé au général commandant en chef, de votre
affaire; le général ne veut pas admettre non-seulement
que vous alliez à Moulins, mais encore que vous restiez
à Bourges, et me charge de vous donner l'ordre de vous
rendre à Gien avec vos Francs-tireurs.

Si votre blessure ne vous permet pas de commander
le bataillon, donnez le commandement à un de vos ca-
pitaines.

Rien ne vous empêche cependant d'établir à Moulins
un dépôt où vous enverriez un de vos officiers pour réunir
vos isolés, les équiper, les habiller et les envoyer le
plus tôt possible aux compagnies actives qui sont devant l'ennemi.

Ce dépôt pourrait en même temps s'occuper de faire
confectionner et réunir tous les effets dont vos compagnies actives peuvent avoir besoin et de les diriger le
plus tôt possible sur les points où elles se trouvent.

Recevez, mon cher commandant, l'assurance de mes
sentiments les plus distingués.

Le général chef d'état-major général,

Borel.

Saint-Florent, 21 décembre 1870.

MONSIEUR LE COMMANDANT,

J'ai l'honneur, comme délégué du Conseil municipal
de Saint-Florent, de vous témoigner sa profonde reconnaissance pour le bienveillant accueil que vous lui
avez fait, à l'occasion de la démarche dont il a cru devoir prendre l'initiative, en faveur du franc-tireur *** ,
condamné à mort par la cour martiale.

Je compte encore sur vous pour appuyer la pétition ci-
jointe adressée à M. le Général, dans le but de sauver
un père de famille.

Pour mon compte, Monsieur, je vous dois mes impressions ; j'ai été, hier, très-heureux d'entendre votre
profession de foi patriotique.

Avec des chefs comme. . . . .
. . . .

Agréez, Monsieur, l'assurance de mes sentiments respectueux.

CUMIER.

VOLONTAIRES D'ARGENT.

Argent, 7 heures soir, 24 janvier 1871.

Commandant,

J'ai reçu votre ordre à midi. Parti à 1 h. 1[2 avec 36 hommes, j'allai m'embusquer, route d'Aubigny, à la jonction de celle d'Argent et Clémont, à 1 kilomètre de cette jonction.

J'ai donné, à son passage, au lieutenant commandant le détachement allant à Brinon, 12 hommes qui doivent me revenir demain soir.

Rentré à 6 h. 1[2, j'ai trouvé le capitaine de Coullon avec 70 hommes, arrivés depuis 4 heures ; il va regagner Coullon. 200 Prussiens réoccuperaient Gien depuis aujourd'hui.

Après avoir fait ma distribution de munitions, il ne me reste plus une cartouche. Je viens vous prier de vouloir bien m'en faire donner pour 35 fusils chassepot et 12 tabatières.

Votre respectueux et tout dévoué.

LAGARDE.

Lieutenant-commandant.

LE GÉNÉRAL COMMANDANT.

Bourges, 25 janvier 1871.

Commandant,

Vous me demandez de faire occuper Aubigny par 200 hommes ; je verrai si les circonstances me permettent de faire cette opération.

J'adresse à M. le colonel de Laitre, à La Chapelle-d'Angillon, de la poudre de chasse et des munitions pour diverses armes. Elles seront délivrées par M. de Laitre sur bons signés par un officier.

En me renseignant sur M. ***, vous ne m'avez pas dit ce qu'il était devenu, non plus que l'institutrice allemande dont il est question. . . . .

. . . .

Quant au soldat *** que vous me demandez l'autorisation de traduire en cour martiale, faites contre lui une instruction régulière avec procès-verbaux et dépositions de témoins, et renvoyez à Bourges le coupable avec tout le dossier qui le concerne.

Recevez, Commandant, l'assurance de ma considération distinguée.

Le Général commandant la 19ᵉ *Division militaire,*

MAZURE.

Mairie de...

Canton de Sully-sur-Loire, arrondissement de Gien (Loiret).

MON CHER COLLÈGUE,

J'ai appris ce matin qu'un certain nombre de francs-tireurs civils de votre commune se sont réunis et ont tiré sur un détachement prussien passant sur le territoire de...

Si j'eusse été prévenu de ce fait, j'eusse empêché cette action.

Ma commune possède un nombre suffisant de défenseurs pour faire respecter ses habitants. Et je ne saurais accepter la responsabilité, pas plus que ma commune, d'un fait que les convenances exigeaient de porter à ma connaissance.

Veuillez donc, je vous prie, empêcher le retour d'action semblable, et pour l'avenir prenez bonne note qu'au cas d'une demande de concours armé, je vous l'adresserai *officiellement*.

Recevez, mon cher collègue, l'assurance de mes meilleurs sentiments.

X...

Aubigny, ce 31 janvier 1871.

COMMANDANT,

Au moment où une trève a lieu entre les belligérants, la ville d'Aubigny, voulant donner un gage de reconnaissance et de cordiale sympathie aux hommes dévoués qui, au lendemain des honteuses spoliations, sont venus, par leur bravoure et leur courage, préserver ladite ville d'Aubigny du retour de semblables exactions;

Nous, conseillers municipaux de la ville d'Aubigny, venons par cette adresse voter à l'unanimité des remercîments au bataillon des Francs-tireurs Bourbonnais que vous commandez.

Nous devons ajouter que la bonne tenue et la discipline qui règnent dans votre bataillon a été pour la ville tout entière d'Aubigny un sûr garant de nos succès futurs.

Nous nous engageons également, Monsieur le Commandant, à seconder les efforts que vous faites pour l'organisation de la défense nationale dans les campagnes.

Veuillez donc, Monsieur le commandant, faire savoir à votre bataillon les sentiments qu'il a su inspirer à toute la population que nous avons l'honneur de représenter.

Suivent les signatures légalisées par l'apposition du sceau de la mairie.

Argent, le 22 janvier 1871.

Nous, Conseillers municipaux de la commune d'Argent, sur la proposition qui nous fut faite par Monsieur le Commandant des Francs-tireurs Bourbonnais d'instituer et organiser la défense nationale,

Avons accepté avec empressement ladite proposition, et nous nous engageons à lui prêter le concours le plus actif et en toutes circonstances.

Considérant que la patrie étant en danger ;

Considérant que notre territoire fut et est chaque jour, menacé d'être envahi ;

Considérant qu'un concours aussi efficace que celui qui nous est apporté par le bataillon des Francs-tireurs Bourbonnais, est, en pareille circonstance, d'une très-grande nécessité pour nos populations rurales.

A l'unanimité, nous votons des remercîments au bataillon des Francs-tireurs bourbonnais,

Et nous nous engageons à leur accorder aide et protection en toutes circonstances.

Fait en mairie d'Argent, le 22 janvier 1871.

Suivent les signatures, toujours légalisées par l'apposition du sceau de la mairie.

Suivent les adresses, conçues dans des termes à peu
près identiques, des Conseils municipaux des communes
de :

1º Cerdon,

2º Isdes,

3º Clémont,

4º Brinon,

toutes revêtues des signatures ainsi que du sceau des
mairies respectives.

DÉPÊCHE OFFICIELLE.

—

TÉLÉGRAMME.

Bourges, 29 janvier 1871, 6 h. 18 m soir.

Général division à colonel, commandant supérieur à la Chapelle, à Commandant Francs-tireurs Aubigny Faire suivre à Coullons, Salbris, Saint-Satur.

Un armistice de 21 jours vient d'être conclu ; faites cesser partout les hostilités et prévenez les communes à proximité de l'ennemi. Je vous enverrai sans retard des instructions.

MAZURE.

CONCLUSIONS.

Il ressort clairement de tous ces documents, que :
le Bataillon des Francs-Tireurs-Bourbonnais a fait
son devoir, dans la limite de ses moyens.

Que : jusqu'au JOUR DE SON LICENCIEMENT, aucun
acte d'indiscipline ne s'est commis sans une repres-
sion immédiate.

Et qu'il a sû se concilier l'estime des populations
au milieu desquelles il a été appelé à se trouver,
pendant cette campagne.

Enfin, le mode des réquisitions, si difficile a ap-
pliquer, si vexatoire toujours ; et dont on a parfois
fait un si grand abus ; a part quelques voitures nécessaires au transport des munitions et des blessés ;
n'a *jamais* été mis en pratique dans mon Bataillon.
Ce qui me valut, du reste, les cordiales félicitations
de M. Beaugendre, intendant général à Bourges.